MADAME LA COMTESSE

D'ANDIGNÉ

NÉE

DE BLACONS

17 mai 1798 — 26 novembre 1879

MADAME LA COMTESSE

D'ANDIGNÉ

NÉE

DE BLACONS

17 mai 1798 — 26 novembre 1879

ORAISON FUNÈBRE

DE MADAME LA COMTESSE

D'ANDIGNÉ

NÉE

DE BLACONS

PRONONCÉE LE 4 DÉCEMBRE 1879, EN L'ÉGLISE DE BEAUFORT EN VALLÉE

(Maine-et-Loire)

Par M. l'abbé LOUIS VALLÉE

DU CLERGÉ DE PARIS

Ancien aumônier de l'armée du Rhin.

PARIS

TYPOGRAPHIE DE E. PLON ET Cⁱᵉ

RUE GARANCIÈRE, 8

1879

ORAISON FUNÈBRE

PRONONCÉE PAR

M. L'ABBÉ LOUIS VALLÉE

DU CLERGÉ DE PARIS
Ancien aumônier de l'armée du Rhin.

> *Mulierem fortem quis inveniet? Procul et de ultimis finibus pretium ejus.*
>
> Où trouver la femme forte? Elle est un trésor plus précieux que toutes les richesses de la terre.
>
> (*Proverbes de Salomon*, chapitre XXXI, verset 10.)

C'est dans l'Évangile, mes très-chers frères, que se découvre, avec toute sa perfection, la femme forte dont parle le Prophète. A la crèche, sur le chemin de l'exil, dans l'obscurité laborieuse de Nazareth, sur le sommet du Calvaire, au milieu de la primitive Église, la Vierge-Mère se montre bien la femme forte par son courage en

face des difficultés et des épreuves de la vie, par
sa résignation sous le coup du malheur et du sacrifice, par sa fidélité et son dévouement en présence de tous les devoirs. C'est à elle qu'appartient
et doit s'appliquer sans réserve la louange que
l'Esprit-Saint donne à la femme forte, en disant
qu'elle vaut mieux que toutes les richesses de la
terre : *Procul et de ultimis finibus pretium ejus.*

Toutefois, si l'Évangile nous montre en Marie
le modèle et l'idéal de la femme forte, comme il
nous offre le modèle et l'idéal de toute perfection
humaine dans Jésus, fils de Dieu et de Marie,
l'histoire nous présente aussi d'admirables reflets
de la femme forte dans ces femmes illustres dont
les noms, comme ceux d'Esther, de Judith et de
la mère des Macchabées, chez les Hébreux, ou
ceux de Clotilde, de Blanche de Castille et de
Jeanne d'Arc, à travers les siècles chrétiens, rappellent tous les dons de la sagesse et de la foi, la
pratique de la charité et des plus éminentes vertus.

Mais prenons garde de croire que ce trésor
précieux de la femme forte ne se rencontre, en
dehors de l'Évangile, que dans ces héroïnes illustres dont la mission appartient à l'histoire d'une

nation, ou ces saintes admirables dont la vie resplendit dans les fastes de l'Église. Ah! grâce à Dieu, il n'est point de province ni de génération chrétiennes, surtout au sein de la France, où l'on ne découvre quelques-unes de ces femmes fortes qui, à l'exemple de la Vierge-Mère et de ses illustres reflets, savent se montrer par leur courage, leurs vertus et leur dévouement, à la hauteur de toutes les épreuves, de tous les devoirs et de tous les sacrifices. A elles aussi on peut appliquer, dans une grande mesure, la louange du livre des Proverbes qu'elles sont, pour ceux qui les entourent, un trésor plus précieux que toutes les richesses de la terre. *Procul et de ultimis finibus pretium ejus.* Ne sont-elles pas, en effet, par leur douce et puissante influence, l'ornement et le bonheur de leurs familles, l'exemple et l'encouragement de tous ceux qui les approchent? C'est à elles et à leurs œuvres que la France, en particulier, doit, après Dieu, de rester toujours la nation reine du monde par la vigueur de la foi, la distinction de l'esprit, la noblesse du caractère et la générosité du cœur.

Or ne suis-je pas en ce moment l'écho de tous

ceux qui m'entendent, en saluant de ce nom auguste et béni de femme forte, trésor incomparable, selon le langage de l'Esprit-Saint, celle dont les restes mortels et vénérés sont ici présents et dont je veux essayer de redire la vie, pour la consolation de la noble famille qui la pleure et l'édification de l'assistance sympathique qui vient partager sa douleur : haute et illustre dame Marie-Madeleine-Adélaide-Alexandrine-Oneida d'Armand de Forest de Blacons, comtesse d'Andigné?

Dans toute existence, il est facile de reconnaître les voies providentielles qui la préparent, les œuvres et les mérites qui la remplissent, les sacrifices et les consolations qui l'achèvent et la couronnent.

I

Il semble que Dieu ne refusa rien à la comtesse d'Andigné de ce qui pouvait la préparer à une vie noble, sérieuse et féconde.

Ce fut tout d'abord une généalogie illustre. Par

son père, le dernier marquis de Blacons, elle appartenait à l'une des plus anciennes maisons du Dauphiné; par sa mère, elle descendait de la famille de Maulde, l'une des races chevaleresques de l'Artois.

Je sais que, dans ce siècle égalitaire, il y a une tendance à condamner et à supprimer les titres et les souvenirs comme un préjugé. Mais la France résistera toujours à cette prétention révolutionnaire, au nom du bon sens, de l'équité et du patriotisme. Car l'hérédité de la gloire et de la vertu est un principe de force pour une nation, autant qu'un droit de justice pour une famille. De tout temps, même chez les peuples les plus démocratiques, on a respecté l'héritage du nom, aussi bien que l'héritage de la fortune. Et, quoi qu'on fasse, celui-là paraîtra toujours plus grand que les autres, qui arrive au monde précédé d'un grand nom, à la condition qu'il sache le porter de manière à le laisser, au terme de sa carrière, non moins grand et non moins illustre. Et ce n'est pas seulement le privilége des grandes familles : n'est-ce pas le vôtre aussi, à vous tous qui m'entendez ici, enfants de cette honnête, intelligente et chrétienne province d'Anjou? Ne vous sentez-vous pas fiers et nobles d'avoir eu pour pères, pour mères, pour ancêtres, des citoyens entourés de la considération publique? C'est là, certes, dans l'ordre naturel, la première bénédiction de la vie.

Mais ce qui contribua mieux encore que la noblesse de ses ancêtres à préparer la grande âme de la comtesse d'Andigné, ce fut la rude école à laquelle elle fut élevée. Dieu n'avait épargné à son père et à sa mère aucune épreuve, aucune privation, aucune douleur.

Son père, le marquis de Blacons, après avoir été député de la noblesse aux états généraux de 1789 et s'y être distingué par les plus généreux efforts pour concilier de sages réformes avec le respect dû à la monarchie séculaire de la France, se vit proscrit, aux jours néfastes de la Convention, comme tout ce qu'il y avait en France de plus pur, de plus honnête et de plus patriotique. Il dut partir pour l'exil, afin d'échapper à la mort, et vint trouver refuge à Philadelphie.

C'est à la même époque que débarquait dans cette ville, arrivant de l'île de Saint-Domingue,

la noble jeune fille que la Providence lui destinait, après l'avoir fait passer elle-même par tous
les dangers et toutes les douleurs.

Charlotte-Félicité-Eugénie de Maulde, seule
dans cette colonie lointaine avec son père que
venait d'atteindre la fièvre jaune, se vit tout à
coup menacée, non-seulement dans la possession
des domaines de sa famille, mais dans son existence même, par la révolution de Saint-Domingue, qui avait décidé le massacre de tous les
blancs. Elle réussit d'abord, marchant elle-même
au combat à la tête de ses nègres fidèles, à résis-
ter aux mulâtres révoltés. Mais la lutte devenue
bientôt impossible, elle parvint, à force de pré-
cautions et de courage, à faire transporter son
père agonisant et à se réfugier elle-même à bord
d'un navire prêt à partir. Et voilà que, le malheur s'attachant à sa poursuite, elle vit son
père succomber au mal cruel qui le torturait,
tandis que des corsaires, qui pillèrent le bâti-
ment, lui ravirent tout ce qu'elle avait pu sauver
avec elle. C'est ainsi qu'elle fut déposée à Philadelphie, orpheline de tous les siens, dépouillée
de toute sa fortune, exilée de sa patrie, brisée

enfin par les fatigues, les émotions et la maladie.

Ce fut cet excès même d'abandon, de malheur et de courage, rehaussé par tous les dons de la beauté, de l'esprit et du cœur, qui attira sur elle le regard, la sympathie et l'admiration du marquis de Blacons. Il lui demanda de vouloir bien unir ensemble leur infortune et leur exil, leur énergie et leur espérance. Dieu devait montrer dans l'avenir avec quelle complaisance il avait béni une union si magnanime et si touchante.

Le retour dans la patrie leur étant toujours fermé, le marquis de Blacons, accompagné de sa jeune et héroïque épouse, partit de Philadelphie avec quatre-vingts autres nobles exilés français, et, remontant le cours du Susquehanna, ils pénétrèrent très-avant dans les forêts vierges de la Pensylvanie. C'est au fond de ces contrées sauvages et inconnues qu'ils réussirent, à force d'énergie et de persévérance, à fonder une ville, devenue aujourd'hui considérable, et à laquelle ils donnèrent à son origine le nom modeste d'Azilum, afin de marquer qu'ils étaient venus jusque dans ce désert pour chercher un asile contre la persécution et le besoin, en attendant la fin de leur exil. Ce fut ce berceau d'Azilum, sorte de Bethléem, où naquit, le 17 mai 1798, l'enfant béni qui fut plus tard la comtesse d'Andigné.

Rien n'est indifférent dans les circonstances de notre naissance : non-seulement la famille, les événements, mais le sol même, laissent sur nous une empreinte que la succession des années et la différence des situations peuvent amoindrir, mais n'effacent jamais. Il semble que le caractère de chaque pays laisse des traces profondes sur tous ceux qui y naissent, sans cependant lui appartenir par leurs ancêtres, comme l'atmosphère de chaque contrée pénètre les plantes, même étrangères, qui y peuvent prendre racine. On sait ce qui distingue surtout la race américaine, si longtemps aux prises avec la solitude et la nécessité de se suffire. C'est une admirable énergie individuelle, pleine d'initiative et d'indépendance, qui ne s'arrête en présence d'aucune difficulté et parvient à triompher de tous les obstacles, pour obtenir le succès désiré et voulu.

Ce fut sans doute dans cette atmosphère virile, en même temps qu'à l'école de son père et de sa

mère, que la comtesse d'Andigné avait puisé le
caractère énergique et persévérant, autant que
généreux et dévoué, qui se montre en elle toute
sa vie, non-seulement dans sa jeunesse et son âge
mûr, mais jusque dans son âge le plus avancé.
Tandis qu'elle est toujours disposée, dès qu'il s'agit
de services à rendre, à se donner, suivant l'expres-
sion du grand apôtre, toute à tous ceux qui la sol-
licitent et l'approchent, elle prend garde d'être à
charge à personne et sait constamment se suffire
à elle-même, avec un courage que ne peuvent troubler ni les circonstances les plus difficiles ni les
devoirs les plus élevés. Véritable femme forte,
partout et toujours.

Elle ne vécut que peu d'années en Amé-
rique, car les terres défrichées par les Français
ayant dû être cédées à des spéculateurs amé-
ricains, la marquise de Blacons résolut de rentrer
dans sa véritable patrie d'origine, rouverte enfin
aux émigrés. Revenue en France, et bientôt
veuve, elle s'y dévoua à l'éducation de sa jeune
fille, avec ce même cœur et cette même sagesse
qu'elle avait mis autrefois à sauver son père des
massacres du Cap-Français, et plus tard à suivre

son époux au milieu des tribus sauvages du nouveau monde.

Sans rien perdre de son énergie, l'enfant d'Azilum puisa dans les instructions et les exemples de
sa mère, en même temps que dans la nouvelle
société où elle grandissait, un esprit de modéra-
tion, de douceur et de bonté qui acheva en elle
l'heureuse alliance de force et de mansuétude qui
est la perfection de la femme chrétienne.

II

Mademoiselle de Blacons était toute préparée
pour la mission que Dieu lui destinait. Le moment
était venu de prouver par un acte décisif le caractère élevé et sérieux de son esprit. Elle venait
d'atteindre vingt ans, et la fortune avait rendu ses
faveurs à sa mère. La jeunesse rayonnait d'ailleurs en elle de tous les charmes de la beauté
et de l'intelligence.

Comme on pouvait s'y attendre, les partis les
plus brillants lui furent offerts; et cependant elle

préféra, sans hésiter, la main et le cœur d'un illustre soldat plus âgé qu'elle de trente-trois années. Mais ces trente-trois années étaient autant d'années de luttes héroïques et de souffrances inouïes pour soutenir et défendre les grandes causes de la religion et de la royauté.

Son nom d'Andigné, huit fois séculaire et que l'on rencontre dans les annales des Croisades, avait été rehaussé d'un éclat nouveau et incomparable, dans cette guerre de géants que l'on appelle les guerres de la Vendée. Il n'avait que quatorze ans encore, lorsque, en 1779, il avait, pour le service de Louis XVI, fait un acte d'éclat dans un combat maritime contre les Anglais. Ce fut pour la même cause de la monarchie, confondue plus tard dans une même persécution avec la cause de l'Église, qu'il soutint contre la Révolution de nombreux combats, presque toujours heureux, grâce à la sagesse de sa tactique et à l'héroïsme de son courage. Et ce devait être encore pour sa fidélité inébranlable à la même foi politique et religieuse que, durant quinze autres années, il eut à souffrir les tortures de la prison et les angoisses de l'exil. L'heure du triomphe et de la récompense était enfin arrivée pour l'indomptable et fidèle soldat : les insignes du courage et de l'honneur venaient de lui être décernés, avec le titre de pair héréditaire de France.

C'est avec cette double auréole de gloire et de martyre qu'il se présenta à mademoiselle de Blacons ; elle l'accepta avec joie et lui donna en échange le printemps de sa vie et les grâces de sa personne.

Il faut avoir pénétré dans cet intérieur de famille pour connaître la douce intimité, le charme intarissable, le bonheur constant qui ne cessèrent d'unir ces deux grandes âmes, si bien faites pour se comprendre et pour s'aimer. Tantôt la comtesse d'Andigné faisait redire à son illustre époux les souvenirs d'intrépidité et de souffrances dont la grandeur constante et les péripéties incroyables renouvelaient chaque fois en elle le même enthousiasme et les mêmes émotions ; tantôt c'était elle-même qui se plaisait à distraire les loisirs du guerrier, par les ressources inépuisables de son esprit et de sa tendresse.

Leur union et leur bonheur semblèrent se cimenter et s'accroître encore, quand la Providence

voulut les féconder, en leur donnant successivement trois fils qui, dès leur enfance, réunissaient et reflétaient dans tous leurs traits la distinction, la noblesse et l'énergie de leur père et de leur mère. Oh! combien la comtesse d'Andigné était heureuse et fière, au milieu de ses trois enfants, et avec quelle tendresse et quelle vigilance elle sut présider à leur accroissement et s'occuper de leur éducation! Ils étaient à ses yeux sa plus grande fortune et sa plus haute noblesse. A ceux qui l'auraient complimentée sur ses joyaux, elle eût répondu volontiers, comme la mère des Gracques, en montrant ses fils : « *Voilà mes bijoux.* » Et, comme Blanche de Castille, elle eût dit, si on avait insisté pour la féliciter de la noblesse de ses ancêtres : « J'attends moins de mes aïeux que de mes enfants, mon meilleur titre de mérite et de gloire devant Dieu et devant mon pays. »

L'élite de la société de cette époque put contempler ce spectacle d'une si douce union et d'une si parfaite éducation. Les relations nombreuses et illustres que créaient au général d'Andigné sa situation brillante et son glorieux passé amenaient successivement dans ses salons de Paris et

de Fontainebleau les représentants les plus dis-
tingués de la politique et de la noblesse, de la
littérature et des arts. On retrouve encore dans les
journaux du temps les comptes rendus de ces soi-
rées que donnait la comtesse d'Andigné : elles
étaient si recherchées que ses salons spacieux de-
venaient insuffisants.

Les plus hautes questions du jour étaient abor-
dées et discutées dans ces réunions, et la comtesse
savait y prendre part et en rester l'âme par une
causerie dont le ton tantôt piquant, tantôt élevé,
toujours exquis, variait suivant les sujets et les
personnes, avec un charme intarissable. Aucun
genre d'ailleurs ne lui était étranger. Il m'a été
donné de lire d'elle des poésies ravissantes et de
l'entendre chanter, en s'accompagnant elle-même,
de gracieuses compositions musicales qu'elle avait
dédiées à ses petits enfants. Ses appartements de
Fontainebleau sont tous décorés de peintures re-
marquables, où elle a retracé les hauts faits de
son époux, et qui rendent témoignage à son goût
élevé et à sa merveilleuse aptitude pour les arts.
En un mot, tout lui était devenu familier : la parole et la plume, la lyre et le pinceau.

Mais ne croyez point, mes très-chers frères, qu'en vous rappelant aujourd'hui l'éclat de ces réunions qu'imposait à la comtesse d'Andigné sa haute situation, je n'ai d'autre but, ce qui serait ici vanité, que de montrer la richesse et la distinction de son esprit. Ma pensée plus haute est de mieux faire ressortir les qualités de femme forte et chrétienne qui la distinguaient dans l'accomplissement de ses devoirs au milieu du monde, aussi parfaitement qu'au sein de la famille. Les rares survivants de sa société se plaisent à vanter encore, avec un souvenir de vénération, l'admirable parfum de simplicité qui ne la quittait jamais et prouvait le véritable fond de son âme. Tandis que chacun, en l'entendant, était heureux et ravi de la vivacité de son intelligence et de la variété de ses connaissances, il était facile de reconnaître qu'elle ignorait absolument-elle même, dans l'abandon de sa causerie, l'admiration dont elle était l'objet. On sentait que dans ses paroles il n'y avait jamais aucun souci d'attirer l'attention sur elle, mais l'unique préoccupation de faire parler et briller ses invités, et de soutenir l'intérêt de la réunion.

Avec cette simplicité vraiment évangélique, il y avait en elle une sollicitude aussi profondément sincère qu'affectueuse et constante pour tout ce qui intéressait ses amis, soit pour applaudir à leurs joies et à leurs succès, soit pour compatir à leurs revers et à leurs chagrins. Comme elle révélait bien la droiture et la bonté de son cœur quand elle écrivait, il y a quelques jours à peine, à une de ses amies : « Il est regrettable que l'on appelle quelquefois aimables ceux qui ne sont que spirituels et mordants. Pour moi, je n'appelle aimables que ceux qui sont bons, vraiment bons, parce que seuls ils méritent d'être aimés. »

Pourrais-je oublier, en parlant de ses vertus, du haut de cette chaire chrétienne, ce qui en fut la couronne et le soutien : d'une part, sa charité tendre et inépuisable pour les pauvres, et si délicatement pratiquée qu'on l'eût ordinairement ignorée autour d'elle, si elle n'avait été mille fois trahie par les malheureux sans nombre qu'elle soulageait; et, d'autre part, cette piété solide et éclairée qui la fit toute sa vie, avec aussi peu d'ostentation que de grande délicatesse de conscience, accomplir sérieusement tous ses devoirs chrétiens?

III

Il n'y a point ici-bas de bonheur si pur ni de vertu si parfaite qui n'ait à traverser ses heures d'épreuve et de sacrifice. Comment pourrions-nous, sans marcher quelquefois sur le Calvaire, ressembler au divin Maître crucifié pour nous? Et n'est-ce pas à ce moment que se révèle mieux la véritable femme forte, disciple de la Vierge-Mère, reine des martyrs?

La comtesse d'Andigné dut fermer les yeux à sa mère, après lui avoir rendu au centuple, en tendresse et en dévouement, les soins maternels qu'elle en avait reçus dans son enfance et sa jeunesse. Il lui fallut se résigner aussi à voir celui qu'elle aurait rêvé conserver toujours, s'endormir dans le Seigneur, plein de jours et de mérites, après une vieillesse aussi douce que la première moitié de sa vie avait été tourmentée.

Mais déjà, avant de perdre l'illustre général comte d'Andigné, son époux bien-aimé, elle avait

eu son cœur de mère brisé par un coup d'autant
plus cruel qu'il était plus inattendu. A la suite
d'un accident douloureux, la mort lui avait ravi,
à l'âge de vingt-cinq ans, son fils aîné, objet d'une
universelle sympathie par l'heureux ensemble de
ses vertus autant que par la rare distinction de
son intelligence et de son savoir.

Ah! qu'elle fut bien alors une autre Rachel que
nulle parole humaine n'aurait pu consoler, depuis
que son fils chéri *n'est plus!* Elle voulut repro-
duire elle-même ses traits, dans un portrait où
tout laisse rayonner l'inspiration de la tendresse
et de la douleur maternelles autant que de son ta-
lent. Mais si elle demeure inconsolable, comme
Marie sur le Calvaire, elle sait aussi, à son exemple, se montrer ferme et courageuse. C'est au ciel
qu'elle cherche sa force dans la prière, la résignation et l'espérance; et c'est autour d'elle qu'elle en
donne le témoignage dans son dévouement toujours croissant à l'éducation de ses deux autres
fils et au soulagement de toutes les infortunes.

Toutefois, le même Dieu qui envoie les épreuves,
pour nous détacher de ce monde, en nous repor-
tant vers un monde meilleur, est aussi celui qui

sait providentiellement disposer tout ce qui peut ici-bas les adoucir et les consoler.

La comtesse d'Andigné vit ses deux fils continuer les traces glorieuses de leur père : l'un, en se distinguant de bonne heure dans l'armée; l'autre, en servant son pays dans la diplomatie. Et bientôt ce sont deux nobles et heureuses alliances qui viennent, sinon cicatriser sa douleur, du moins combler le vide causé par son deuil, et faire revivre près d'elle le doux et admirable spectacle d'union, d'amour et de bonheur dont elle avait joui durant toutes les années de son mariage.

Mais pourquoi faut-il, hélas! qu'au moment où elle peut croire n'avoir plus qu'à goûter en repos la joie si pure d'être souvent entourée de ses enfants et de voir naître et grandir de nombreux petits-enfants, un événement cruel vienne menacer encore de renouveler pour sa tendresse maternelle la plus inconsolable des douleurs? Une guerre funeste venait d'éclater en 1870, et celui de ses fils qui appartenait à l'armée s'était empressé de partir et d'aller là où l'appelaient son devoir et son patriotisme. Et voilà qu'après avoir fait à Freschwiller des prodiges d'activité et de valeur, dont il m'a été donné d'être témoin, afin de conjurer notre premier et irréparable désastre, il tombe sur le champ de bataille de Sedan, où il vient de multiplier les mêmes témoignages d'héroïsme, frappé de trois blessures si graves que sa vie court les plus grands dangers.

A cette nouvelle, la comtesse d'Andigné, déjà septuagénaire, oubliant son âge, les difficultés extrêmes du voyage et le danger de traverser des lignes ennemies, part ou plutôt vole pour arriver auprès de son fils agonisant, afin de rivaliser, nuit et jour, à son chevet, de vigilance et de tendresse, avec son épouse, qui, elle aussi, digne compagne d'un soldat, avait traversé la France avec le même empressement et le même courage. J'ai vu ce spectacle grandiose et touchant : je vivrais un siècle sans l'oublier jamais. Chaque fois que je revenais de voir et consoler le noble blessé, atteint si profondément dans son corps, mais dont l'âme était si parfaitement résignée, je me sentais le cœur serré et désolé, et je me disais : « Quelle douleur se prépare pour ces deux courageuses et nobles femmes, et quelle perte pour le pays!

L'espérance de guérison n'est-elle pas impossible? » Mais bientôt je me relevais, avec une confiance indicible qui semblait s'imposer à moi, et j'ajoutais aussitôt en me tournant vers le ciel : « O mon Dieu! voyez ces deux anges d'amour et de prière qui l'entourent; écoutez leurs larmes et leurs supplications, et récompensez leur inépuisable tendresse! » La mère et l'épouse ont été bénies et exaucées. Le valeureux officier a été rendu tout entier à sa mère, à son épouse, à ses enfants, et conservé à la France pour la défendre, s'il le faut encore, de son épée et la servir, en attendant, de son savoir et de ses conseils.

J'arrive enfin au couronnement de cette vie si noble et si féconde. A cette dernière époque de sa carrière, c'est toujours la femme forte que le nombre des années ne saurait faire plier et que l'approche de la mort ne parviendra point à troubler.

Jusque dans son âge le plus avancé et parvenue déjà au delà de quatre-vingts ans, son âme était demeurée à l'abri du moindre affaissement; c'étaient la même sûreté de jugement et les mêmes ressources d'intelligence; son corps était resté doué de la même organisation vigoureuse qui sem-

avec discrétion, afin de ne la point alarmer; mais la femme forte ne pouvait ni se méprendre ni se troubler. « Il y a peu de jours, lui dit-elle, je n'ai pas eu la bonne chance de vous rencontrer; je veux aujourd'hui même profiter de votre présence. On m'assure que je ne suis point en danger; mais le premier devoir d'un chrétien, quand il est malade, c'est de préparer son âme à paraître devant Dieu. » Et tout aussitôt elle se confessa; le lendemain elle reçut les autres sacrements avec calme et bonheur.

Jusqu'à sa dernière heure, elle garda la même sérénité et la même force d'âme. Son médecin, voulant lui faire illusion, lui demandait, quelques heures avant sa mort, comment elle se trouvait. « Je me porte, répondit-elle en souriant doucement, comme quelqu'un qui va partir. »

Dans ses derniers moments, elle ne cessait de regarder ses enfants, de les bénir et de serrer leurs mains avec effusion, voulant ainsi les encourager et les consoler, en leur rappelant que l'amour triomphe de la mort et lui survit, et que le dernier adieu, pour les chrétiens, c'est la certitude de se revoir au ciel.

Elle s'endormit dans le Seigneur, semblant murmurer cette admirable parole qu'elle aimait à répéter : « Seigneur, que votre volonté soit faite. *Fiat voluntas tua.* » C'était midi, le mercredi 26 novembre.

Aucun signe d'agonie n'avait marqué son dernier soupir. Ses enfants croyaient la posséder encore, mais déjà son âme était au sein de Dieu.

La comtesse d'Andigné s'est éteinte à Fontainebleau, dans cette même résidence où, vingt-deux ans auparavant, elle avait recueilli le dernier soupir de son époux. Elle a reçu de la population, pressée dans l'église autour de son cercueil, un premier et solennel hommage de vénération et de reconnaissance.

Mais ses restes appartiennent à cette illustre terre d'Anjou, que la noble famille d'Andigné chérit, depuis des siècles, comme sa patrie. Je ne m'étonne donc pas de l'empressement avec lequel vous avez voulu, avec tant d'autres accourus de loin, malgré l'extrême rigueur de la saison, l'honorer ici, comme elle l'a été à Fontainebleau, du témoignage public et unanime de votre admiration et de votre sympathie.

Qu'elle reçoive une dernière bénédiction au milieu de vous, dans cette splendide église de Beaufort, si savamment restaurée par votre zélé et intelligent pasteur. C'est de là que son cercueil va être conduit et déposé dans le gracieux sanctuaire où reposent déjà les restes de son époux. Unis ensemble durant un demi-siècle par le plus inviolable amour, ils demeureront dans un même tombeau, en attendant l'heure glorieuse de la résurrection.

Chrétiens qui m'entendez, quand votre regard et votre pensée se reporteront vers cette chapelle, vous les recommanderez au Dieu bon et miséricordieux, n'oubliant point que les âmes, même les plus justes et les plus pures, demandent une prière, comme la preuve la plus infaillible et la plus précieuse d'un souvenir durable et sincère.

Mais en priant pour les illustres défunts, vous ajouterez aussi : « O Dieu fidèle et généreux dans « vos promesses, accomplissez celle que vous faites, « dans vos saints livres, aux pères et aux mères qui « ont vécu dans la pratique de vos saints comman- «dements. Au nom des vertus et des bienfaits « que rappellent les deux êtres chéris et vénérés

« dont les cendres reposent en ce monument sacré,
« bénissez leurs enfants et leurs petits-enfants, afin
« que, marchant sur les traces de leurs ancêtres,
« ils se montrent toujours les bienfaiteurs de cette
« contrée, l'honneur sans reproche de l'Anjou, les
« défenseurs courageux de la France, les humbles
« et dévoués serviteurs de Dieu et de l'Église.

« Ainsi soit-il. »

PARIS. TYPOGRAPHIE DE E. PLON ET Cⁱᵉ, RUE GARANCIÈRE, 8.